图书在版编目（CIP）数据

国宝熊猫／（新西兰）Victor Siye Bao，曾凡静编著．—北京：北京大学出版社，2010.5

（我的中文小故事25）

ISBN 978-7-301-17016-8

Ⅰ.国… Ⅱ.①B… ②曾… Ⅲ.汉语－对外汉语教学－语言读物 Ⅳ.H195.5

中国版本图书馆CIP数据核字（2010）第035839号

书　　　　名：	国宝熊猫
著作责任者：	[新西兰] Victor Siye Bao　曾凡静　编著
责 任 编 辑：	贾鸿杰　sophiajia@yahoo.com.cn
插 图 绘 制：	Amber Xu
标 准 书 号：	ISBN 978-7-301-17016-8/H·2445
出 版 发 行：	北京大学出版社
地　　　　址：	北京市海淀区成府路205号　100871
网　　　　址：	http://www.pup.cn
电　　　　话：	邮购部 62752015　发行部 62750672
	编辑部 62752028　出版部 62754962
电 子 信 箱：	zpup@pup.pku.edu.cn
印　刷　者：	北京大学印刷厂
经　销　者：	新华书店
	889毫米×1194毫米　32开本　1.125印张　2千字
	2010年5月第1版　2017年3月第3次印刷
定　　　　价：	15.00元（含1张CD-ROM）

未经许可，不得以任何方式复制或抄袭本书之部分或全部内容。

版权所有，侵权必究　　举报电话：010-62752024

　　　　　　　　　　　　电子信箱：fd@pup.pku.edu.cn

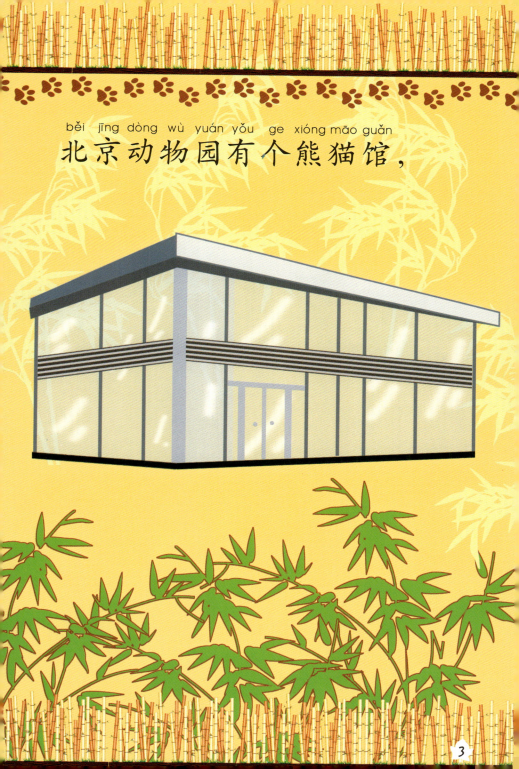

běi jīng dòng wù yuán yǒu ge xióng māo guǎn
北京动物园有个熊猫馆，

里面有大大小小的熊猫,

它们性格各不相同：

yǒu de xǐ huan chī
有的喜欢吃，

yǒu de xǐ huan shuì jiào
有的喜欢睡觉,

还有的喜欢安静地坐着。

在世界各地，喜欢熊猫的人很多，

特别是小孩子，几乎每个小孩儿都喜欢熊猫。

他们都希望熊猫能到自己的国家来,和他们交朋友。

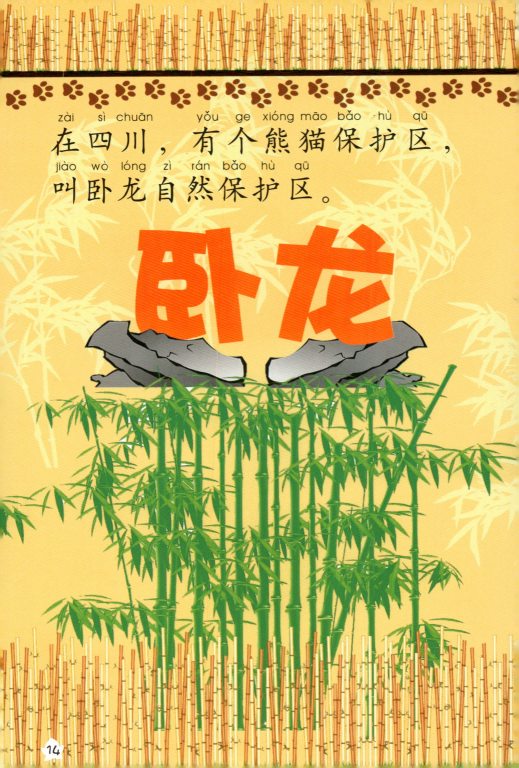

在四川,有个熊猫保护区,
叫卧龙自然保护区。

每天都有来自世界各地的人到那里参观。

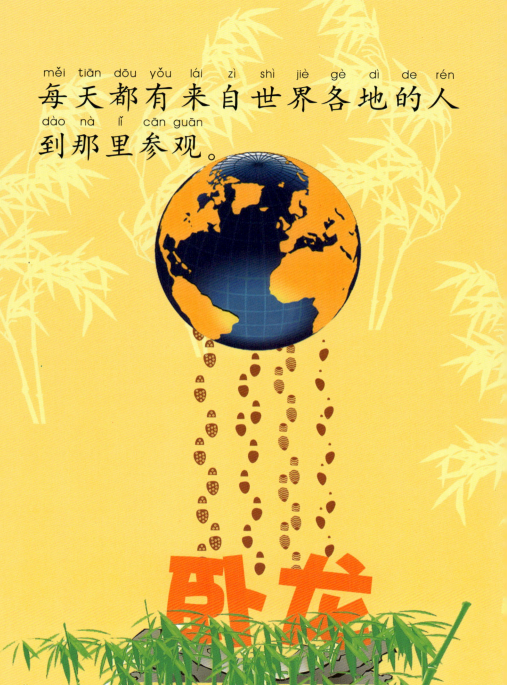

有的人帮着喂大熊猫竹子,

有的人帮助打扫熊猫的住处，

还有的人和大熊猫一起玩儿,一起照相。

所以这次来中国的时候,看到那么多的熊猫,我特别高兴。

我还亲自喂了一只熊猫。

开始的时候,我有点儿害怕。

但是看到熊猫非常喜欢我喂它的竹子,我就忘记害怕了。

我跟熊猫玩儿了一个多小时才离开。希望下一次还有机会亲自去看看我们领养的熊猫。

到了中国，不能不去看看中国的熊猫。熊猫是中国的国宝。

　　北京动物园有个熊猫馆，里面有大大小小的熊猫，它们性格各不相同：有的喜欢吃，有的喜欢打架，有的喜欢睡觉，还有的喜欢安静地坐着。但是它们都非常可爱，也很讨人喜欢。在世界各地，喜欢熊猫的人很多，特别是小孩子，几乎每个小孩儿都喜欢熊猫。他们都希望熊猫能到自己的国家来，和他们交朋友。

　　在四川，有个熊猫保护区，叫卧龙自然保护区。每天都有来自世界各地的人到那里参观。有的人帮着喂大熊猫竹子，有的人帮助打扫熊猫的住处，有的人认领大熊猫，还有的人和大熊猫一起玩儿，一起照相。在我们国家，只有一只熊猫。所以这次来中国的时候，看到那么多的熊猫，我特别高兴。我还亲自喂了一只熊猫。开始的时候，我有点儿害怕。但是看到熊猫非常喜欢我喂它的竹子，我就忘记害怕了。我跟熊猫玩儿了一个多小时才离开。希望下一次还有机会亲自去看看我们领养的熊猫。

生词

1.	国宝	guó bǎo	national treasure
2.	熊猫	xióng māo	panda
3.	不能不	bù néng bù	cannot but; have to
4.	动物园	dòng wù yuán	zoo
5.	熊猫馆	xióng māo guǎn	panda hall
6.	性格	xìng gé	nature; characteristics, personality
7.	有的……有的……还有的	yǒu de...yǒu de... hái yǒu de	some... some... the other
8.	打架	dǎ jià	come to blows; fistfight; scuffle
9.	特别是	tè bié shì	especially
10.	几乎	jī hū	almost
11.	交朋友	jiāo péngyou	make a friend
12.	四川	sì chuān	Sichuan Province
13.	保护	bǎo hù	protect
14.	卧龙	wò lóng	Wolong Reservation, about 200,000 square kilometetres in Sichuan Province for protecting pandas
15.	世界各地	shì jiè gè dì	in the world
16.	喂	wèi	give food to; feed
17.	竹子	zhú zi	bamboo
18.	打扫	dǎ sǎo	do some cleaning
19.	住处	zhù chù	residence; lodging; accomodation
20.	认领	rèn lǐng	claim; adopt
21.	照相	zhào xiàng	take a photo
22.	亲自	qīn zì	in person; personally
23.	害怕	hài pà	be afraid of
24.	忘记	wàng jì	forget
25.	领养	lǐng yǎng	adopt (a child)

涂鸦

请你自己画一只大熊猫。

熊猫最喜欢吃什么？为什么人们都那么喜欢大熊猫？

试一试

一、找出词汇

中	保	爱	竹
熊	国	护	子
猫	人	宝	区
参	观	大	小

二、填空

1. 这些熊猫性格＿＿＿，有的＿＿＿＿，有的＿＿＿＿，还有的＿＿＿＿。

2. 我跟熊猫＿＿＿了一个＿＿＿才＿＿＿。

3. 大＿＿＿＿和＿＿＿＿孩都＿＿＿＿熊猫。

4. 我特别＿＿＿＿，因为我＿＿＿＿＿自喂了熊猫。

后 记

"我的中文小故事"第一辑出版后受到很多汉语教师、家长和孩子的欢迎,大大超乎我的想象,也让我备受鼓舞,更有创作欲望,与大家分享更多的教学和生活体验。

第二辑展现给大家的仍然是一个个与汉语教学和日常生活有关的小故事,稍有变动的是,增加了一些难度,添加了更多有趣的练习,同时,专辟一页呈现整个小故事,不加拼音,以照顾那些准备参加 GCSE 等中文考试的学生的需要。

在这里,我要感谢那些战斗在第一线的老师们,他们尽心尽力地把这套小故事用于教学并给了许多的反馈,提出了很好的建议。我还需要感谢出版社的沈浦娜女士,不但鼓励、支持和信任我,而且亲自参与图书的推荐活动;感谢责任编辑邓晓霞和贾鸿杰,感谢排版公司的张婷婷、张雷和张定彪,没有他们的辛苦劳动,就不可能完成这一套图书,他们的专业精神让人敬佩,我们的合作是那么地愉快;还要感谢出版社发行部门的同事,是他们的努力让更多的人看到了这套书;感谢画家徐媛,克服了很多困难,积极创新,出色地完成了绘画任务。

最后,我要感谢我的父母家人、我的妻子、我的孩子 Jessica 和 Justin,有了他们的支持和陪伴,我才能用快乐的心去创作。

这个系列还会继续,"没有最好,只有更好",期望得到各位老师、家长和读者的意见和建议。真诚欢迎大家与我联系:victorbao@gmail.com。

Victor

第二辑推出以下20本

我的中文小故事

- 21. 吵架
- 22. 我的好朋友小鸟
- 23. 收拾房间的机器人
- 24. 公园里迷路
- 25. 国宝熊猫
- 26. 环保购物袋
- 27. 旗袍
- 28. 容易受伤的男人
- 29. 小甜甜
- 30. 愚蠢的小偷
- 31. 打错的电话
- 32. Yes和No
- 33. 中国人的称谓
- 34. 网络视频
- 35. 快乐是可以传染的吗
- 36. 生日会
- 37. 演出
- 38. 中文课上的时装表演
- 39. 在北京滑冰
- 40. 会跳街舞的中文老师

From专家

学一种语言,教科书和老师当然很重要,但语言学习学的是技能,而不是知识。学习技能需要不断实践,否则不仅不会熟练,还可能边学边忘。从事汉语教学的教师,几十年前就呼吁编写课外读物,但一直应者寥寥。可喜的是近年来汉语学习课外读物陆续出版了一些,"我的中文小故事"就是这个园地里的一朵新花。这套图文并茂的小故事内容贴近孩子们的日常生活,突出了中国文化特色,并涉及多方面的新鲜事物,相信孩子们会在快乐阅读中,温故知新,中文取得明显的进步。

——刘月华教授,先后任教于卫斯理学院、麻省理工学院、哈佛大学

From一线教师

我把"我的中文小故事"推荐给初学汉语的小朋友后,他们非常高兴。书里的故事贴近孩子们的生活,有些情节他们甚至亲身经历过,所以他们读的时候很兴奋。这套书语言简洁,情节幽默,还有非常贴切的插图。虽是课外阅读材料,但作者十分细心,不但列出了生词,还设计了练习,既能帮助学生复习故事涉及的内容,还能激发他们进一步思考。最值得称道的是,故事中孩子们觉得最搞笑或者最开心的地方,往往是汉语学习中需要注意的重点和难点,这样,孩子们在开怀大笑后就牢牢地记住了这些内容。我会把"我的中文小故事"推荐给更多的孩子,让他们在阅读中学习,在阅读中体验快乐!

——许雅琳,杭州国际学校中文教师

FROM孩子们

Mr. Bao's My Little Chinese Book Series is easy enough to understand and it helps build my vocabulary, especially from the Glossary at the back! With these little books, my Chinese levels have risen, and I am finding Chinese a lot more fun to read and help me build my language confidence!

——Lara Gander, from France

My little Chinese Book Series that Mr. Bao created is really fun as we learn new vocabulary with no fear of the language itself. After I read the first 20 books, I am more confident in reading Chinese now, I do enjoy reading Chinese books now.

——Lizzy Brown, from Australia

● 这个故事书的topic很吸引我，插图很好玩儿，很有创意。生词很简单，练习可以让我有想像力。《跟老师打赌》最吸引我。

——Wongi Hong, from Korea

● 我觉得这套"我的中文小故事"对刚开始学中文的人很有帮助，不认识的字可以看拼音，还可以看生词表。

——Erica Jin, from Australia

● 故事很短，很快就能看完，是一个minibook。插图很好笑，让我很开心。生词很简单，还有pinyin。Pinyin让故事更简单。我喜欢《小胖》。

——Daniel Zhu, from Canada

● 我觉得这种书很好。又不难又有意思，因为书里面有joke。

——Esther Kim, from Korea

● 我觉得故事很容易读，画儿也很好。有不懂的字，看画儿就懂了。

——Khushbu Rupchandani, from India

● "我的中文小故事"很容易看明白，我觉得这套书很有意思，是我学习新词的很好的途径，用这套书学中文很有乐趣，我喜欢"我的中文小故事"！

——Reeza Hanselmann, from Germany and America